Ne Pleure Pas Sly !
Don't Cry, Sly!

retold by
Henriette Barkow

illustrated by
Richard Johnson

French translation
by Martine Michaelides

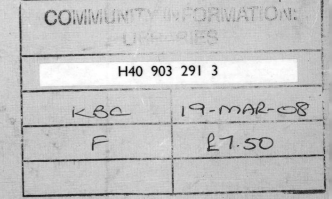

mantra lingua

La maman de Sly criait tout
le temps : « Range ta chambre !
Fais la vaisselle ! »

« Brosse tes dents ! Peigne tes cheveux ! »
Il avait beau faire, ce n'était jamais assez
pour sa maman.

Sly's mum was always shouting:
"Tidy your room! Do the dishes!"

"Brush your teeth! Comb your hair!"
And however much Sly did, it was
never enough for his mum.

A côté Petite Rouge pouvait tout entendre. Elle détestait la façon dont la mère de Sly hurlait et criait sans cesse.

Next door Little Red could hear everything. She hated the way Sly's mum always screamed and shouted.

Un jour, elle entendit un cri :
« Je veux du poulet rôti ! »
Petite Rouge avait très très peur.

One day she heard a scream:
"I want roast chicken!"
And Little Red became very
very scared.

Sly avait peur aussi, il n'avait jamais attrapé une poule jusqu'à maintenant, mais étant un renard malin, il avait un plan.

Sly was scared too, he'd never caught a hen before, but being a smart fox he had a plan.

Quand Petite Rouge sortit, Sly se faufila dans sa
maison et il attendit et attendit jusqu'à ce qu'elle rentre.

When Little Red went out Sly sneaked into her house and waited and waited,
until she returned.

« Au secours ! Au secours ! »
cria Petite Rouge quand elle vit
Sly, et elle sauta sur le haut de la
bibliothèque.
Mais cela ne représenta pas un
problème pour Sly car après tout
il était un renard avec un plan.

"Help! Help!" Little Red cried when
she saw Sly and jumped up onto the
top of the bookcase.
But that was no problem for Sly, after
all, he was a fox with a plan.

Sly commença à tournoyer, chassant
sa queue, il alla de plus en plus vite
jusqu'à ce que …

Sly started spinning round and round, chasing his tail.
Faster and faster he went until…

Petite Rouge tombe et s'enfonce dans le sac - BOUM !

Sly traina le sac dans l'escalier -
                    BOUM,   BOUM,   BOUM !

...Little Red fell down, down, down into the sack - THUMP!

Sly dragged the sack down the stairs
                          THUMPADY,   THUMPADY,   BUMP!

Le temps qu'il arrive en bas, il était si fatigué et pris de vertiges
qu'il s'endormit au bas de l'escalier.

By the time he reached the ground he was so
tired and dizzy that he fell asleep at the
bottom of the stairs.

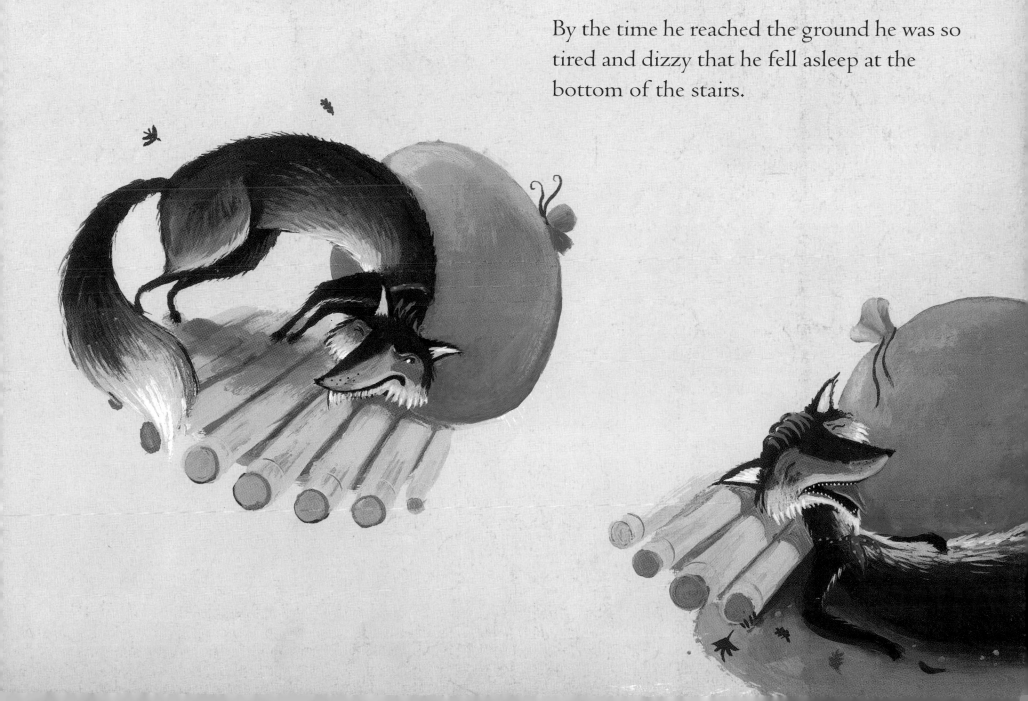

C'était une chance pour Petite Rouge.

Now was Little Red's chance.

Elle sortit du sac et courut aussi
vite que possible
en haut, en haut, en haut de l'escalier.

She squeezed herself out of the sack and ran as fast
as she could,
up, up, up the stairs.

Quand Petite Rouge se sentit mieux, elle pensa au pauvre Sly et à tous les ennuis qu'il allait avoir. Qu'est-ce qu'elle pourrait faire pour aider ?

When Little Red had recovered she thought about poor Sly and all the trouble he would be in. What could she do to help?

Elle regarda autour de la cuisine et elle eut une idée.

She looked around her kitchen and then she had an idea.

Quand elle eut fini, elle réveilla Sly et lui dit son plan.

When she had finished she woke Sly and told him of her plan.

Sly rentra à la maison avec son
sac lourd.
Il fit le dîner et mit la table, et
puis il appela sa maman.
« Le poulet rôti est prêt, viens
le chercher ! »

Sly went home with his heavy sack.
He made the dinner and set the
table, and then he called his mum.
"Roast chicken is ready, come and
get it!"

Et est-ce que la maman de Sly hurla et cria ?
Elle hurla de plaisir. Elle cria de joie :
« C'est le meilleur dîner que je n'ai jamais eu ! »

And did Sly's mum scream and shout?
She screamed with delight.
She shouted with joy: "That's the best dinner I've ever had!"

Dorénavant, Sly fit toute la cuisine avec l'aide de sa nouvelle amie. Quant à la maman de Sly, elle lui fit des remarques seulement de temps en temps.

From that day forth Sly did all the cooking with the help of his new friend. And Sly's mum, well she only nagged him now and then.

To the children of Mrs Michelsen's Class of 02
at Moss Hall Junior School
H.B.

For my friends, Rebecca Edwards
and Richard Holland
R.J.

First published in 2002 by Mantra Lingua Ltd
Global House, 303 Ballards Lane
London N12 8NP
www.mantralingua.com

Text copyright © 2002 Henriette Barkow
Illustration copyright © 2002 Richard Johnson
Dual language copyright © 2002 Mantra Lingua Ltd
This edition 2007

A CIP record for this book is available from the British Library